BEI GRIN MACHT SICH IHR WISSEN BEZAHLT

- Wir veröffentlichen Ihre Hausarbeit,
  Bachelor- und Masterarbeit

- Ihr eigenes eBook und Buch -
  weltweit in allen wichtigen Shops

- Verdienen Sie an jedem Verkauf

Jetzt bei www.GRIN.com hochladen und kostenlos publizieren

Bibliografische Information der Deutschen Nationalbibliothek:

Die Deutsche Bibliothek verzeichnet diese Publikation in der Deutschen National-bibliografie; detaillierte bibliografische Daten sind im Internet über http://dnb.d-nb.de/ abrufbar.

Impressum:

Copyright © 2017 GRIN Verlag
Druck und Bindung: Books on Demand GmbH, Norderstedt Germany
ISBN: 9783668691346

Dieses Buch bei GRIN:

https://www.grin.com/document/421635

Lea Beem

Erziehung im Nationalsozialismus. Mit Vergleich zur demokratischen Erziehung des 21. Jahrhunderts

GRIN Verlag

GRIN - Your knowledge has value

Der GRIN Verlag publiziert seit 1998 wissenschaftliche Arbeiten von Studenten, Hochschullehrern und anderen Akademikern als eBook und gedrucktes Buch. Die Verlagswebsite www.grin.com ist die ideale Plattform zur Veröffentlichung von Hausarbeiten, Abschlussarbeiten, wissenschaftlichen Aufsätzen, Dissertationen und Fachbüchern.

Besuchen Sie uns im Internet:

http://www.grin.com/

http://www.facebook.com/grincom

http://www.twitter.com/grin_com

Konrad Adenauer Gymnasium, 47533 Kleve Köstersweg

Erziehung im Nationalsozialismus

* Ein Reich- Ein Volk- Ein Führer- Eine Erziehung*

mit Vergleich zur demokratischen Erziehung des 21. Jahrhunderts

Facharbeit

im Grundkurs Pädagogik

Verfasserin: Lea Beem

Schuljahr 2016/2017 Q1

Kleve, den 15.März.2017

Inhalt

1. Einleitung 3

2. Hauptteil 4

    2.1. Hitlers Erziehungsideologien- und grundsätze in „Mein Kampf" 4

        2.1.1. Hitlers Erziehungsziele 4

        2.1.2. Kritik am Schulwesen 5

        2.1.3. Rassenhygiene und Schwangerschaft 5

    2.2. Ernst Krieck: Der Erziehungsstaat 6

        2.2.1. Leben und Werk 6

        2.2.2. Funktionale Erziehung 6

        2.2.3. Fremderziehung und Selbsterziehung der Gemeinschaft und der Einzelnen .. 7

        2.2.4. Kriecks Einsprüche gegen traditionelle Pädagogik 7

        2.2.5. Nationalpolitische Erziehung 8

        2.2.6. Illusion des Erziehungsstaates 8

    2.3. Jugend unterm Hakenkreuz- die Hitler- Jugend 8

        2.3.1. Baldur von Schirach 8

        2.3.2. Aktivitäten in der HJ und dem BDM 9

        2.3.3. Schirachs Ziele (1933) und seine 10 Gebote 10

        2.3.4. Die musisch- kulturelle Wende 10

        2.3.5. Die Einheit der Erziehung 11

        2.3.6. Mädchen im dritten Reich- Bund deutscher Mädel (BDM) 11

        2.3.7. Erlebnisse in Kindheit und Jugend unter Hitler 11

    2.4.Die demokratische Erziehung des 21. Jahrhunderts 12

        2.4.1. Vergleich NS- Erziehung und Erziehung des 21. Jahrhunderts 12

3. Fazit/ Reflexion 14

Anhang 16

1. Einleitung

Ich habe mich entschieden, das Thema „Erziehung im Nationalsozialismus" in meiner Facharbeit im Grundkurs Pädagogik zu bearbeiten, da ich eine Notwendigkeit darin sehe, mich mit der NS- Zeit auseinander zu setzen, da es immer noch hochaktuell und wichtig ist und nicht in Vergessenheit geraten sollte. Heutzutage ist es schwer, sich in eine vergangene Welt hineinzuversetzen. Irgendwann wird es keine Zeitzeugen mehr geben und die Wirklichkeit wird verwischen und verblassen, nur noch die Medien sind dann unsere Quellen, die uns Auskunft geben können. Viele sind jetzt schon nicht mehr informiert, was überhaupt die Hitler- Jugend oder was die SA war?

Von unglaublich hohem Stellenwert war die Rolle der Kinder und Jugendlichen in dieser Zeit. Aufgrund dessen war Erziehung schon fast ein „Modewort" und unersetzbarer Bestandteil der NS- Ideologie. Sie waren die Zukunft, die Deutschland wieder zu alter Größe empor heben sollte. „Es ist zu allen Zeiten ziemlich leicht, die Jugend zu führen", da sie einen natürlichen Drang zum Idealismus und Auflehnung gegen die Elterngeneration besitzen, um Autonomie zu erlangen.

Bei der Literatursuche bin ich auf unendlich viele Bücher über die Erziehungsarbeit gestoßen. Ich habe mich für drei Exemplare entschieden: „Mein Kampf", „Hitlers Pädagogen" und „Kindheit und Jugend unter Hitler".   Um meine Arbeit einzugrenzen, habe ich den Fokus auf drei wichtige Persönlichkeiten gelegt mit Überlegungen zur Freizeit, Ideologien etc. Die Betrachtung der Rolle der Schule habe ich weitgehend ausgeklammert, da dieser nochmal einen sehr großen Teil umfassen würde.   So werde ich mich im ersten Teil mit Hitlers Erziehungsideologien-und grundsätzen in „Mein Kampf" auseinandersetzen. Das Ziel war eine NS-Weltanschauung orientierte Erziehungstheorie, die aber 1933 bei der Machtübernahme Hitlers noch nicht ausformuliert war. Diese Lücke wurde unter anderem von Ernst Krieck mit der Idee des Erziehungsstaates gefüllt. Junge, einflussreiche Männer wie Baldur von Schirach hatten gute Chancen, ihre eigenen Vorstellungen durchzusetzen. Vergleichend werde ich auf die heutige demokratische Erziehung des 21. Jahrhunderts eingehen.Am Ende dieser Arbeit möchte ich versuchen, die Tausend Fragen, die mir durch den Kopf schwirren, mithilfe der davor behandelten Inhalte zu beantworten: *Wer waren die Pädagogen aus der NS-Zeit? War die Jugend ein Werkzeug Hitlers? Wie war das alles möglich? Wie konnten die Jugendlichen in der HJ so stark beeinflusst werden? Kann so etwas wieder passieren?*

2. Hauptteil

2.1. Hitlers Erziehungsideologien- und grundsätze in „Mein Kampf"

Jedem ist die Propagandaschrift „Mein Kampf" von 1925/26 bekannt. In mehreren Kapiteln (z.B.: Appell an die deutsche Jugend, Eitelkeit im Dienst der Erziehung) werden Erziehungsfragen aufgeworfen, anhand von denen man die Auffassungen der Jugend besser verstehen kann. Diese sind nicht alle typisch nationalistisch oder Hitlers Erfindungen, sondern eine Sammlung von geläufigen Idealen.

2.1.1. Hitlers Erziehungsziele

Hitler legte eine klar definierte Rangfolge seiner Erziehungsziele fest. An erster Stelle stand das Heranzüchten von kerngesunden Körpern. Der Staat muss die Erziehung so einteilen, dass schon in frühster Kindheit, eine Abhärtung für das spätere Leben erfolgt, um dessen Selbsterhaltung zu begünstigen. Insbesondere den Boxsport hielt er für befähigt, den Angriffsgeist, das Ertragen von Schlägen und die rasante Entschlusskraft zu fördern. Erst in zweiter Linie sollten die geistig- seelischen Fähigkeiten geschult werden. Dabei wurde ein Fokus auf die Charakterbildung gelegt, die er im Wesentlichen auf die Willens- und Entschlusskraft, verbunden mit der Erziehung zur Verantwortungsfreudigkeit festgelegt hat. Tugenden, wie Verschwiegenheit, Fügsamkeit, Ergebenheit, Opferbereitschaft, Loyalität und Ablegen von Gejammer sollten vor allem unterstützt werden. Die grundlegenden Charaktereigenschaften sind bei jedem Menschen veranlagt, aber dennoch besteht die Chance durch richtige Erziehung, dass diese trotzdem kostbare Mitglieder der Gemeinschaft werden. Unsolidarität gegenüber dem Staat, wie Verraten der eigenen Kameraden, galt als weniger wertvoll.

Erst an dritter und somit letzter Stelle sah der Führer die wissenschaftliche Schulung. Die Kinder werden mit Wissen überschüttet, welches sie zu 95 Prozent nicht brauchen. Sie sollen nicht lernfähig gemacht werden, sondern eine Fächerbreite an Wissen für das spätere Leben besitzen. Gleichwohl auch Selbstbeherrschung, Freiheitsdurst, Mut zum Handeln und Risiko sind Aufgabe der Erziehung in Bildungsstätten. „ [...] ein gesunder, kraftvoller Geist [kann sich] auch nur in einem gesunden und kraftvollen Körper finden."[1] Im Kampf unterliegt zumeist der körperlich Schwächere bzw. der Stubenhocker.

---

[1] Hitler, Adolf: Mein Kampf Band 1+2, Zentralverlag der NSDAP: München [855]1943,
https://deutschermensch.files.wordpress.com/2016/01/adolf-hitler-mein-kampf-band-1-und-2-ungekrzt-855-auflage-1943-818s.pdf,
Kapitel: Erziehungsgrundsätze des völkischen Staates, s.452

2.1.2. Kritik am Schulwesen

Die Schule muss mehr Platz schaffen für den Sport, denn zwei Stunden freiwilliges Turnen in der Woche wäre zu wenig. Außerdem muss sie als Grundlage für das spätere Eintreten in das Heer dienen, sodass das Erlernen von Befehlen, Gehorsam, Verantwortung und Schweigen (auch bei Unrecht) schon hier Voraussetzung sein kann. Beim Verlassen der Bildungsanstalt wäre das Ideal, als ganzer Deutscher rauszukommen und über die Blutreinheit aufgeklärt zu sein, sodass man instinktiv seine Rasse erhalten möchte. Deswegen ist es auch so wichtig, die niederen Klassen am Schulsystem teilhaben zu lassen.

2.1.3. Rassenhygiene und Schwangerschaft

Die arische Rasse und das Kind müssen einen übergeordneten Platz in der Gemeinschaft erhalten. Nur wer von bester Gesundheit und ohne Mängel ist, darf einen Säugling gebären. Als Inbegriff von Ehre wird der Verzicht, „[…]sein Leid nicht im Körper seines Kindes [zu] verewigen"[2], angesehen und umgekehrt als Schande für das Volk. Der Staat muss nicht nur bis zur Geburt Erziehungsarbeit leisten, mithilfe von finanziellen Mitteln und der Selektion der wertvollsten rassischen Komponenten, sondern ihn auch zur spätere Weitervermehrung erziehen. Insbesondere die Mädchen, wo das untergeordnete Ziel das „Mutterwerden" beinhaltet.

Die Erziehung endet somit nicht mit der Mündigkeit, sondern alle Generationen sind gleich mündig bzw. unmündig, der sogenannte *totale Erziehungsstaat*. Die Kinder genießen die NS- Erziehung von vornherein. Die Erwachsenen hingegen müssen zum Beispiel in Schulungslagern umerzogen werden, sodass das Generationsverhältnis umgdreht wird. Seine Erziehungsvorstellungen waren ohne Zweifel rassistisch-biologischer Grundlage.[3]

2.1.4. Staatliche Auslese

Die Jugend soll Tatenlosigkeit und Ungerührtheit der vorherigen Generation im Kampf und Arbeit für die Nation wieder gut machen und steht somit vor einer großen Aufgabe. Auch zum späteren Zeitpunkt sieht der Staat sich berufen, die Qualifiziertesten aus dem Volk heraus zu holen und sie mit einem hohen Posten auszustatten. Talente können dabei nur beschränkt bewertet werden, wegen den Unterschieden beim Aufwachsen und

---

[2] Hitler, Adolf: Mein Kampf, Kapitel: Völkischer Staat und Rassenhygiene, s.447

[3] Vgl. Giesecke, Hermann: Hitlers Pädagogen, Weinheim/München: ²1999, http://www.giesecke.uni-goettingen.de/hitler.pdf, Kapitel: Politisch- pädagogisches Resümee, s.27

den zur Verfügung stehenden Mitteln. Dennoch ist „Genialität nicht an höhere Lebensschichten oder gar an Reichtum gebunden"[4].

Die Jugend ist komplett dem Modewahnsinn (z.B.: Röhrenjeans und Schals im Sommer) unterworfen, welcher eine Gefahr für die körperliche Ertüchtigung und eine gute Qualifikation ist. Nicht im Bezug auf Kleidung, sondern auf proportionierte und anmutige Körper sollte Eitelkeit anerzogen werden.[5]

2.2. Ernst Krieck: Der Erziehungsstaat

2.2.1. Leben und Werk

Ernst Krieck wurde 1882 († 1947) in Südbaden geboren. Nach dem Besuch der Realschule war die einzige Möglichkeit, um höhere Bildung zu erlangen, das Ausüben des Lehrerberufs (später: Rektor an der Universität Frankfurts). Dieser füllte ihn jedoch nicht aus und er suchte weitere Beschäftigungen, wie zum Beispiel den Beitritt in den deutschen Lehrerverein oder das Schreiben von Büchern. Zwei seiner Hauptwerke sind „Philosophie der Erziehung" und „Nationalpolitische Erziehung".

2.2.2. Funktionale Erziehung

Seine Ansichten waren aufsehenerregend, da nicht die zielgerichtete Erziehung des Einzelnen, sondern die der Gemeinschaft, der Allgemeinheit des Volkes, im Mittelpunkt stand. Krieck differenzierte einmal zwischen der funktionalen Erziehung der Gemeinschaft, die durch reine Präsenz entstand, und die der Einzelpersonen. Letzteres sind genau genommen nur Oberhäupter solcherlei Vereinigungen (Familie, Kirche). Im Gegensatz zur familiären Erziehung konstruieren Gemeinschaften Typen, die nach einem Leitbild geprägt werden. Diesen Prozess der vereinigten Anpassung benannte er „Zucht" (d.h. Formen des Menschen durch Sitten und Normen).

Ernst Krieck formulierte drei Schichten der funktionalen Erziehung. Die unterste Schicht bilden die unbewussten Wirkungen. Darauf aufbauend sind die bewussten Handlungen, z.B. in der Familie oder bei der Arbeitsstelle. Schon die bloße Interaktion ist Erziehung. Dabei spielte es keine Rolle, ob die Wirkungen konform oder konträr sind. Die dritte Schicht ist die der „rational organisierten Erziehung", d.h. hier findet

---

[4] Hitler, Adolf: Mein Kampf, Kapitel: Staatliche Auslese der Tüchtigen, s.477
[5] Vgl. alle Abschnitte aus „Mein Kamf", s.446-480

man die Regeln, das Vorgehen und die Absichten von Erziehung. Man muss bedenken, dass die Schichten gleichgestellt sind und aufeinander aufbauen.[6]

2.2.3. Fremderziehung und Selbsterziehung der Gemeinschaft und der Einzelnen

Erziehung ist eine Urfunktion des Gemeinschaftslebens, dementsprechend keine kulturelle Erfindung des Menschen, formulierte Krieck als seine Hauptthese. Das Volk steht in der Hierarchie ganz oben, weswegen alle anderen Gemeinschaften zu ihr im Verhältnis wie eine Gliedschaft stehen. Der NS- Pädagoge unterschied ganz eindeutig die Fremd- und Selbsterziehung voneinander. Er ging davon aus, dass Erziehung jederzeit stattfindet und ein verflochtene Symbiose von Wirkung und Gegenwirkung ist und benannte daraufhin vier Erziehungsformen: „1. Die Gemeinschaft erzieht die Glieder 2. Die Glieder erziehen einander. 3. Die Glieder erziehen die Gemeinschaft. 4. Die Gemeinschaft erzieht die Gemeinschaft." Die Fremderziehung wird vervollständigt durch zwei Formen der Selbsterziehung: „1. Die Gemeinschaft erzieht sich selbst. 2. Der Einzelne erzieht sich selbst" („autonome Erziehungswissenschaft"). Das Individium muss sich gleichzeitig an den Typus anpassen, aber auch seine eigenen Vorstellungen erschaffen und durchsetzen („organisch"). Sein Verständnis von Erziehung ist eher im Gegensatz zu den liberalen Visionen gedacht. [7]

2.2.4. Kriecks Einsprüche gegen traditionelle Pädagogik

Die geisteswissenschaftliche, die traditionelle, die neuzeitliche Pädagogik und die Reformpädagogik wurden von ihm in manchen Aspekten stark für ihre Rückständigkeit kritisiert. Dadurch wurde er von den Universitäten weitgehend ignoriert, da sie sich bedroht fühlten. Die Bedeutung des Lehrers und Erziehers als Funktionsträger setzte er erheblich herab. Auch die Erziehung zur Individualität ist unerreichbar, da sich das Kind selber in seinem Prozess seinen persönlichen Typus schaffen musste. Die traditionelle Pädagogik wollte einen vollkommenen Menschen schaffen, was Krieck als Wunschdenken abstempelt. Wie Hitler, war er auch der Meinung, Erziehung sollte sich auf alle Generationen ausweiten: „Alle erziehen alle jederzeit."[8]

---

[6] Vgl. Giesecke, Hermann: Hitlers Pädagogen, Abschnitt: Funktionale Erziehung, s.37/38
[7] Giesecke, Hermann: Hitlers Pädagogen, S.39,40,41
[8] Giesecke, Hermann: Hitlers Pädagogen, S.43

2.2.5. Nationalpolitische Erziehung

Vor 1932 zeigte Ernst Krieck noch kaum Sympathien für die Hitlerbewegung. Doch nun sah er die Chance, sein Konzept dort zu etablieren, was, wie man später sieht, aber nicht in Erfüllung ging. Er stellte sich vor, dass die Gesellschaft wieder zu einer organischen Einheit verschmolz, um jedem eine Möglichkeit zu geben, seinen Platz zu finden (Überwindung der Entfremdung). Die Stellung des Einzelnen wäre nicht mehr abgekapselt und einsam, sondern alle Menschen würden zu dem einen Volk zusammenschweißen: dem gesunden deutschen Volk. Sozusagen eine Rückführung von natürlichen Gemeinschaften (*Volk*) und die Befreiung des Individiums aus seiner Isolation. In gleicher Weise findet er, dass die Familie wieder ihre ursprüngliche Aufgabe (Dreierkonstellation: Mutter, Vater, Kind) erhalten muss. Fasziniert wurde er immer mehr von der nationalsozialistischen Massenbewegung und deren Institutionen (HJ, SA). Es war sein Traum nach einem ausgewogenen Volk ohne Interessenskonflikte.[9]

2.2.6. Illusion des Erziehungsstaates

Die Idee wird von Hitler und Krieck gleichermaßen propagiert. Für Hitler war die Voraussetzung, dass alle Einrichtungen eine Einheit bilden und zusammen arbeiten. Krieck wollten den ganzen Organismus pädagogisieren. Er war außerdem der Meinung, dass Kinder ein gewisses Maß an Freiheit bekommen sollten und sich damit unbeschwert bewegen können, ohne Schaden zu nehmen. Dafür muss die Voraussetzung geschaffen werden, dass überall den gleichen maßgebenden Erwartungen begegnet wird, die dafür sorgen, dass die Maximen der Eltern auch die des Fernsehens oder der Lehrer sind.[10]

2.3. Jugend unterm Hakenkreuz- die Hitler- Jugend

2.3.1. Baldur von Schirach

Baldur von Schirach wurde 1907 († 1979) in Berlin geboren. Er verspürte in seiner Jugend keinen Drang, an der HJ teilzunehmen, da seine Familie wohlhabend war. Bücher verschlang er, so auch Hitlers Buch, das ihn sehr faszinierte, woraufhin er ihn 1925 traf. Von Hitler ernannt, wurde er 1931 Reichsjugendführer und übernahm wenig später auch die HJ. Sie bauten im Laufe der Jahre eine sehr persönliche Beziehung auf, die sich schon vor, aber vor allem in seiner Stellung als Gauleiter in Wien, immer weiter distanzierte, da er mit der Vernichtung der Juden nicht einverstanden war.

---

[9] Vgl. Giesecke, Hermann: Hitlers Pädagogen, Abschnitt: Nationalpolitische Erziehung, s. 45-53
[10] Giesecke, Hermann: Hitlers Pädagogen, S.61-63

2.3.2. Aktivitäten in der HJ und dem BDM

Trotz der zum Teil harten Bedingungen traten viele Jugendliche gerne in die Organisation ein, da sie zum einen der Freizeitgestaltung und zum anderen der Abnabelung aus dem Elternhaus dienten. Obendrein waren die pädagogischen Leitmotive: Abenteuer, Vorbild, Kameradschaft, Ehre und Dienst *(-> Gebrauchspädagogik)*.[11] Bei wem würde nicht ein großartiges Gemeinschaftsgefühl beim Seite an Seite marschieren und Singen aufkommen? Je mehr der Alltag vom Krieg beeinflusst wurde, desto ausgelassener wurde das Nachtleben der Jugendlichen, denen immer mehr Freiheiten eingeräumt wurden. Die Meisten, die nicht eintreten wollten, wurden angesprochen: Wie lange willst du noch abseits stehen? Jeder wird für den Aufbau des neuen Reiches gebraucht. Du würdest bestimmt einen guten Führer abgeben. Es war einfach Mode in die bündische Jugend einzutreten, vor allem nachdem alle Verbände gleichgeschaltet wurden. Es war ein Verband des gesamten deutschen Volkes und nicht primär von politischer Bedeutung. Das politische Ziel war die Bildung einer Volksgemeinschaft, sodass theoretisch jeder einen chancengleichen Zugang bekommen kann (dennoch: keine Juden, Behinderte). Zentraler Bestandteil der HJ-Arbeit waren zu zwei Drittel körperliche Betätigung und zu einem Drittel weltanschauliche Schulung. Wichtige Aktivitäten der HJ waren Sportwettkämpfe und Reichsberufswettkämpfe, Kulturtage besuchen (z.B.: Theateraufführungen, Lesungen), Umzüge zur Eigenwerbung, Wahlkämpfe und andere politische Aktionen. Zu den Abenteuern gehörten die Lagerfahrten mit Nachtwanderungen, Lagerfeuern und Erkundungstouren in der Natur. Das war einer der Hauptgründe zum Eintritt in die HJ, da es als Befreiung aus dem städtischen Leben angesehen wurde. Dem Reichsjugendführer diente es dazu, die Jugendlichen außerhalb des Schutzes der Familie zu kontrollieren und am Ende auch der Wehrertüchtigung. Es gab feste Dienstzeiten, die aus zwei Komponenten bestand: Heimabende und Dienstsport. „Je öfter der Dienst erlebt wurde, desto seltener wurde er zum Erlebnis."[12]

Für die Führer kamen die Aufgaben hinzu, dass sie Schulungen besuchen mussten, wo sie Materialien (zur Parteigeschichte, Weltanschauung) bekamen, um die Heimabende leiten zu können. Doch viele erinnern sich mehr an Mutproben und Schnitzeljagden, als an politische Gespräche am Heimabend.   Das Programm für die Mädchen unterschied sich kaum von dem der Jungen. Hinzu kamen lediglich hauswirtschaftliche Schulungen (z.B.: Geld einteilen, Nähen, Kochen).

---

[11] Vgl. Giesecke, Hermann: Hitlers Pädagogen, Abschnitt: Stichworte einer Gebrauchspädagogik, s.218
[12] Giesecke, Hermann: Hitlers Pädagogen, Abschnitt: Kritisches zur HJ- Pädagogik, s.230

2.3.3. Schirachs Ziele (1933) und seine 10 Gebote

Nachdem zunächst kein pädagogisches Konzept zu erkennen war, benannte Schirach fünf Ziele und zehn Gebote. Sein Anliegen war die Jugend an die Person Hitler zu verpflichten und eng damit verknüpft, das zweite Ziel, eine einheitliche deutsche Jugendorganisation aufzubauen. Im Hitlerjugendgesetz festigte er die HJ als souveräne Erziehungsstätte neben Elternhaus und Schule. Sie wurde zu einem Monopolverbund. Sein drittes Prinzip ist die Selbstführung der Jugend: „Jugend muss von Jugend geführt werden"[13], sozusagen die Schaffung eines eigenen Jugendstaates mit Regeln, Ritualen, Uniformen, Abzeichen etc. von der Jugend. Auch der soziale Status musste verbessert werden: durch Überwindung der Klassen- und Standesgesellschaft, sowie der Durchführung eines Gesundheitstestes. Sein letztes Ziel war die musische und kulturelle Differenzierung.

Die zehn Gebote sind aufgebaut auf dem Satz: „Du hast die Pflicht gesund zu sein."[14] Den Jugendlichen werden Nahrung, Schlafzeit, Körperpflege und –betätigung, Alkoholgenuss etc. vorgeschrieben, was einerseits eine gute Körpererziehung regelt und andererseits können diejenigen selektiert werden, die der Rasseneinheit und der Erbgesundheit widersprechen. Alle sind aufgerufen, vorbildhaft für weitere Generationen nach diesen Geboten zu leben.

2.3.4. Die musisch- kulturelle Wende

Es wurde immer mehr Desinteresse und Disziplinlosigkeit an dem gezeigt, was alle konnten. Man wollte seine individuellen Interessen erfahren und dann erleben. Damit stand Schirach vor einem gewaltigen Konflikt, da bei einer auf den Einzelnen bezogenen Interessenvertretung die HJ nicht mehr als eine einheitliche Organisation gelten würde. Als es unumgänglich wurde, versuchte er es mit einem Kompromiss: Der Dienst blieb bestehen, aber es wurden Sondereinheiten wie die Motor-, Marine- oder Reiter- HJ geschaffen, um eine „gemeinschaftsbezogene Persönlichkeit"[15] zu entwickeln. Der soldatische Typus bei den Jungen und das Leitbild der Mutter und Hausfrau bei den Mädchen wurde um einen Musischen erweitert. Die Lebensform HJ sollte sich im kulturellen Bereich verankern. Musikinstrumente sollten gespielt werden, Musikschulen wurden eröffnet und es gab Rabatte zum Besuchen von Konzerten und Theater.

---

[13]Giesecke, Hermann: Hitlers Pädagogen, Abschnitt: Das politisch- pädagogische Konzept, s.172
[14] Giesecke, Hermann: Hitlers Pädagogen, Abschnitt: Verbesserung der sozialen Lage der Jugendlichen, s.182-184
[15] Giesecke, Hermann: Hitlers Pädagogen, Abschnitt: Die musisch-kulturelle Wende, s.192

2.3.5. Die Einheit der Erziehung

Baldur von Schirachs Überlegungen gingen noch über die der HJ hinaus, denn um eine erfolgreiche Erziehung zu gewährleisten, muss diese auch auf die Schule übertragen werden. Er war gewillt, mehr zu sein, als nur eine Freizeitorganisation. Die Schule wies viele Kritikpunkte auf: Disziplinlosigkeit (Getuschel bei Vorträgen), Unterdrückung der Selbstständigen, kein Vertrauen und Feindschaften zwischen Lehrer und Schüler. 1937 gründete er zusammen mit Robert Ley die „Adolf-Hitler-Schulen", wo er sein Konzept durchsetzen konnte. Es wurde die Du-Anrede, Ehre (Mogeln galt als unehrenhaft) und der erlebnisorientierte Unterricht ermöglicht.

2.3.6. Mädchen im dritten Reich- Bund deutscher Mädel (BDM)

Die Führerinnen waren die Reichsreferentinnen Trude Mohr und Jutta Rüdiger, die formal Schirach nach gestellt waren, aber dennoch zum Großteil selbstständig agieren durften. Die BDM bekam, wie die HJ, immer mehr Zuwachs an Mitgliedern. Bis Ende 1934 waren es 1.334.261. Das waren 37,29% der ganzen Jugend. Attraktivität bekam der Verband durch das Angebot für eine Berufsausbildung bzw. eines Studiums, welches mehr Mitbeteiligung des weiblichen Geschlechts in der Gesellschaft bedeuten würde.

Verglichen mit der HJ war es für die Mädchen ungewöhnlich, in irgendeinem Verband zu sein, weshalb die BDM das fortschrittlichere und interessantere Phänomen ist. Sie verbanden auch im Allgemeinen viel mehr gute Erinnerungen an ihre Zeit dort als die Jungen.

2.3.7. Erlebnisse in Kindheit und Jugend unter Hitler

Wo ist die Jugendzeit geblieben? Die Nazis haben sie um ihre Jugend gebracht. Alles war durchgeplant und organisiert, wie Hitler 1938 in einer Rede beschrieb: „Die Jugend lernt ja nichts anderes, als deutsch denken, deutsch handeln (…)"[16] Durch nationalsozialistische Organisationen besteht die Möglichkeit, schon ab dem zehnten Lebensjahr auf die Heranwachsenden zuzugreifen und von da an werden sie ein Leben lang in den Fängen Hitlers bleiben. Einflusslos, Mitläufer sein, Hilflosigkeit und Wehrlosigkeit gegen das System; so fühlte sich Wilhelm Berkhan.

---

[16]Giesecke, Hermann: Hitlers Pädagogen, Abschnitt: Hitlers Erziehungsvorstellungen in Mein Kampf, s.19

Juden? Was wusste man davon? Es waren keine Christen und sie haben Jesus an das Kreuz geschlagen. Generell wurden die verschiedenen religiösen Ausrichtungen akzeptiert, um keinen Zwiespalt oder Uneinigkeiten zwischen den Jugendlichen auszulösen. Ursula Phillip wusste nichts von deren Schicksal, so wie viele andere. Auch Baldur von Schirach war sich dessen nicht bewusst und beteuerte vor Gericht, dass die Jugend nichts damit zu tun hatte. Sie (Ursula Phillip) war eine der Führerinnen und erzählt von einem Gefühl der Unentbehrlichkeit und Wichtigkeit (z.B.: Listen führen, Verwaltungsarbeit) für die Mädchen und deren absolute Gefolgschaft. Besonders in Erinnerung geblieben ist ihr die Fahrt zum Reichsparteitag in Nürnberg, wo von der Tribüne aus Befehle des Führers ausgerufen und patriotische Lieder gesungen wurden. Alle haben begeistert mitgesungen.

Dietrich Strohmann schreibt: „Ich war ein Dutzendjunge, gehorsam, gefügig, folgsam, der nie über die Stränge schlug, weder Karriere machte, noch rebellierte, nur ein winzig kleiner Tupfer in der braunen Masse, jederzeit einsatzfähig, verfügbar, zuletzt auch todeswillig." [17]Nach dem Krieg hatte er Schwierigkeiten, seine Meinung zu äußern und zu widersprechen, genauso wie Helmuth Schmidt fehlte ihm die Erziehung zur Demokratie.

2.4.Die demokratische Erziehung des 21. Jahrhunderts

„Der kooperative (demokratische) […] Erziehungsstil zeichnet sich durch ein Verhalten der Erzieher gegenüber ihren Kindern aus, das sich in erster Linie um einen guten Kontakt bemüht und durch steuernde Vorschläge und Anregungen bei den Kindern die eigene Entscheidungsfindung auf der Grundlage des Lernens durch Einsicht fördert. Der Erzieher gewährt dem Kind viel, doch nicht unbegrenzte Freiheit. Wenn er ein Verbot ausspricht, erklärt und begründet er es. […]So lernt das Kind, sich in ähnlichen Situationen richtig zu verhalten. […]" [18]

2.4.1. Vergleich NS- Erziehung und Erziehung des 21. Jahrhunderts

Genauso wie früher gibt es auch heutzutage viele verschiedene Erziehungsstile-und einflüsse (z.B.: autoritäre Erziehung). Dennoch greifen die meisten bewusst oder unbewusst auf den demokratischen Erziehungsstil zurück. Hitler wollte nicht mehr, dass die

---

[17]Siedler, Wolf Jobst: Kindheit und Jugend unter Hitler, Siedler Verlag²1997, Kapitel: Dietrich Strothman, Alltägliche Jugend, s.149
[18] http://lexikon.stangl.eu/2072/erziehungsstil/ © Online Lexikon für Psychologie und Pädagogik

Kinder mit der Masse an Wissen überschüttet werden. Nun, siebzig Jahre später, wird wieder von Arbeitgebern und Co. kritisiert, die Jugend besäße Wissenslücken. Wie kann das sein? Vieles in der Schule ist überhaupt nicht relevant für das Berufsleben. Die meiste Zeit wird man lernfähig gemacht. Unsere Generation ist erneut durch Schule und moderne Techniken zu Stubenhockern geworden. Sport wird als Unterricht immer unwichtiger, zum Beispiel habe ich nur zwei Stunden in der Woche Sportunterricht. Der Kritikpunkt, die Jugend sei dem Modewahnsinn unterworfen, kann man in unserer aktuellen Gesellschaft ebenfalls wieder finden: Trends für jede Saison und Kleidung in Massen und in jeder Preiskategorie. Lagerfahrten sind immer noch beliebt, da nicht alle Eltern das Geld für einen Urlaub haben und die gemeinsame Zeit mit anderen Jugendlichen eine erlebnisreiche Erfahrung ist. Das Leitbild „Mutter und Hausfrau" ist noch verankert, aber es gibt viel mehr Frauen als damals mit Studium, Ausbildung und Beruf. Das Individuum passt sich im besten Fall auch an die Werte und Normen der Gesellschaft an und versucht gleichzeitig seine Vorstellungen durchzusetzen, aber es ist kein, wie in Ernst Kriecks Konzept, Typus vorhanden, der als einheitliches Leitbild fungiert.

Die Unterschiede: In erster Linie wird die Mündigkeit angestrebt. Trotzdem liegt keine Beschränkung auf das Kindes- und Jugendalter vor, denn auch Erwachsene sind auf Lernhilfen angewiesen. Untergeordnete Ziele sind beispielsweise Empathie- und Kritikfähigkeit, gutes Benehmen und Selbstständigkeit. Im Widerspruch zu Ernst Krieck ist die Erziehung zielgerichtet, planvoll und interpersonal auf die Individualität zugeschnitten. Die Bedeutung des Lehrers sehe ich im 21. Jahrhundert sehr hoch an, da die Schulzeit einen sehr großen Einfluss auf die Persönlichkeit hat. Sowie seinerzeit, ist der Erziehungsstaat aktuell gleichermaßen eine Illusion, da die Medien, Eltern und Lehrer in mannigfaltigen Bereichen unterschiedliche Meinungen vertreten. Wir sind frei (siehe: Definition demokratische Erziehung), aber nichtsdestotrotz gibt es immer mehr Eltern, die die Freiheit ihrer Kinder wegen Überbesorgnis und Angst (Helikopter Eltern) zu stark einschränken. Natürlich gibt es in unserer modernen Welt eine vielfältige Auswahl an Vereinen, in die jeder (meist) freiwillig und gerne eintritt, um Interessen auszuleben. Nicht so wie die HJ bilden sie eine souveräne Erziehungsstätte, aber üben obgleich Beeinflussung aus.   Ehre ist nicht mehr so stark großgeschrieben. Wenn heute ein Lehrer bei einer Klausur nicht anwesend sein würde, dann käme es dazu, dass die allermeisten auf Ehre pfeifen und abschreiben, um eine gute Note zu erreichen.

3. Fazit/ Reflexion

In Anbetracht der vorher präsentierten Argumente kann man zu Hitlers Ausführungen sagen, dass er die Erziehung nur für seine Ziele verändern wollte und nicht zum Wohle der deutschen Nation. Seine Pläne hatten das Ziel der Ausbreitung der deutschen Rasse und die Vormachtstellung in der Welt. Auch in den Liedern kam dies zum Ausdruck: „Deutschland, Deutschland über alles, über alles auf der Welt [...]." Man kann nicht bestreiten, dass seine Überlegungen bezüglich des Sportes nicht sinnvoll war, da die teilweise Unmotiviertheit der heutigen Bevölkerung zu Übergewicht führt und in gleicher Weise die Teilnahme der unteren Klassen in der Schule ein Fortschritt ist. Doch durch Manipulation und Beeinflussung mithilfe von allgemeinen Idealen wie Treue oder Ehre und mit dem Leitbild eines Soldaten, hat er die Jugend geschickt an sich gebunden, ohne dass sie jemals an ihren Führer zweifeln würden. Überall ist man den gleichen Grundsätzen begegnet: Schule, Freizeit (und Elternhaus). Wer würde nicht dem Typus entsprechen wollen? Vor allem wenn alles andere „verabscheuenswürdig" ist. Man hatte eine Identität: deutsch sein und das wurde nach dem Identitätsverlust des ersten Weltkrieges dankend angenommen. Parolen, Lieder und Fahnenschwenken an seinem Geburtstag oder Marschieren vor dem Führer wurde mit Enthusiasmus ausgeführt Sie hatten keine Bedenken, so wie die Erwachsenen und wurden meiner Betrachtung nach wirklich zu seinen Werkzeugen.

Unterstützt wurde es durch die HJ. Mithilfe von Kameradschafts- und Gruppengeist und der scheinbaren Übertragung der Verantwortung war das die perfekte Organisation, um den Jugendlichen die Ideologien einzuflößen. Denn sein übergeordnetes Ziel war die Vorbereitung auf das Heer.   Wie viel Ansehen dagegen Ernst Krieck genossen hat, bin ich mir nicht sicher. Seine Werke wurden zahlreich verkauft und er wurde auch in einen Sammelband von pädagogischen Konzepten aufgenommen. Inwieweit die Jugend an seinem Konzept interessiert war, weiß ich nicht, aber ich kann mir nicht vorstellen, dass irgendjemand „Philosophie der Erziehung" als außerschulische Lektüre gelesen hat.
Baldur von Schirach und Ernst Krieck sind, wie viele andere, Hitler gefolgt. Schirach war jung und begeisterungsfähig und Krieck war unzufrieden mit den herrschenden Verhältnissen. Ihre Anschauungen haben sie mit den Hitlers legitimiert, so wie (fast) alle Pädagogen seiner Zeit.

Die heutige Erziehung würde eine so einflussreiche und mächtige Diktatur nicht mehr zulassen. Pädagogik sieht es als seine Aufgabe, die Jugendlichen in der pluralistischen Gesellschaft zu positionieren. Individualität, Autonomie, freies Denken und Selbstständigkeit würden dies verhindern. Die HJ hätte überhaupt keinen Anreiz mehr, da zumindest der größte Teil der Jugend dagegen protestieren würde. Was soll man mit einem Verein, der viel weniger bietet? Bildung zu opfern wäre für viele, nicht für alle, nicht denkbar, da der Mensch einen ordentlichen Beruf ausführen möchte, um sich Möglichkeiten offen zu halten. Der Dienst oder die zehn Gebote würde uns nicht erreichen, da jeder das tun und lassen möchte, was er will. Jungen Menschen ist es zum Teil schwer, Vorschriften zu machen.

Andererseits wenn man bedenkt, wie schwer es fällt sich einer solchen massenbewegenden Suggestion zu entziehen, ist es nicht ausgeschlossen, dass sich solche Vorkommnisse bei einzelnen Jugendlichen nochmal wiederholen könnten. Heranwachsende ohne Perspektive, Aufgabe und Zugehörigkeit wären Zielobjekte für nationalistische Organisationen (die es immer noch gibt).

Ein Beispiel für eine neuzeitliche Beeinflussung ist das Experiment „die Welle". Es ist erstaunlich wie schnell Jugendliche ein Verhalten übernehmen und es nicht mehr hinterfragen, obwohl es eigentlich gegen ihre Moral ist. Ausgrenzung von Andersdenken, Sachbeschädigung oder Anwendung von Gewalt wird zum Wohl des gemeinschaftlichen Ziels gemacht.

Abschließend kann man sagen, dass selber denken, handeln und leben wichtig ist, um sich zu entfalten. Abhängigkeit von einer Organisation und das Gefühl des Denkens als ein Organismus ist nicht das, was heutzutage angestrebt wird.

Anhang

zu der Facharbeit

Erziehung im Nationalsozialismus

* Ein Reich- Ein Volk- Ein Führer- Eine Erziehung*

mit Vergleich zur demokratischen Erziehung des 21. Jahrhunderts

Anschauungsmaterial

4.1. Aufbau der Hitler- Jugend

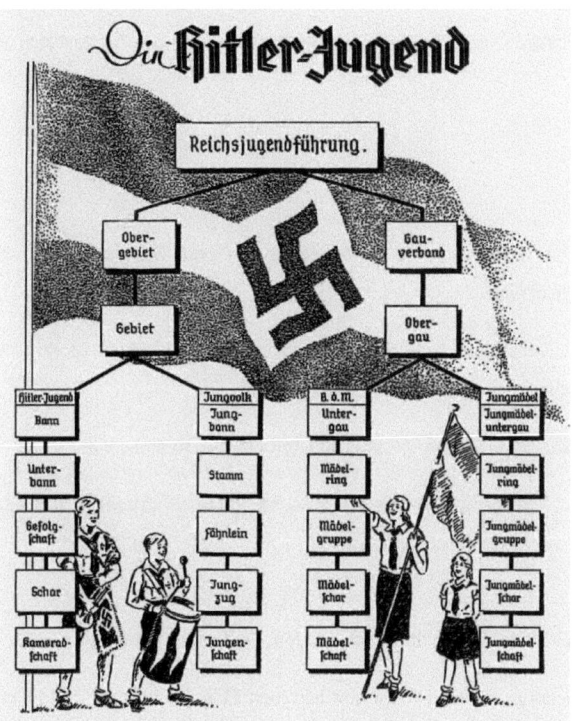

Die HJ hatte eine autoritäre Hierarchie, an dessen Spitze sich der Reichsjugendführer Baldur von Schirach befand. Die HJ gliederte sich von der Kameradschaft (ca.15 Jungen) über die Schar aus vier Kameradschaften zur Gefolgschaft aus vier Scharen unter der Führung eines Bannführers. Der Bund deutscher Mädel wurde eingeteilt in die Mädelschaft (ca. 15 Mädchen) über die Mädelschar (3-4 Mädelschaften), die Mädelgruppe (4 Mädelscharen), den Mädelring (3-5 Mädelgruppen) bis zum Untergau. Die Ränge wurden durch unterschiedliche Führerschnüre am Diensthemd gekennzeichnet. Die anderen trugen Wimpel. [19]

Sie unterteilte sich in das *Jungvolk* (Pimpfe, DJ) zählten die Jungen und zu den *Jungmädel*, Mädchen von zehn bis vierzehn Jahren. Darauf folgt die eigentliche *HJ,* wo die

---

[19]Aull- Fürstenberg, Margret: Lebenslüge Hitler- Jugend/ Aus dem Tagebuch eines BDM- Mädchens, Uerberreuter: Wien 2001, s.194-195

Jungen im Alter zwischen vierzehn bis achtzehn Jahren sind und der *Bund deutscher Mädel* im gleichen Alter. Für die jungen Frauen folgt noch *„Glaube und Schönheit"* zwischen siebzehn und einundzwanzig Jahren. [20]

Genau wie in der Schule wurde versucht, das Aufwachsen gestaffelt der Altersstufen zu begleiten.

4.1.2. Gebote im Detail

1. Dein Körper gehört Deiner Nation, denn ihr verdankst Du Dein Dasein. Du bist ihr für Deinen Körper verantwortlich.

2. Du mußt Dich stets sauber halten und Deinen Körper pflegen und üben. Licht, Luft und Wasser helfen Dir dabei.

3. Pflege Deine Zähne. Auf ein kräftiges, gesundes Gebiß kannst Du stolz sein.

4. Iß reichlich rohes Obst, rohe Salate und Gemüse, nachdem Du sie gründlich mit sauberem Wasser gereinigt hast. Im Obst sind wertvolle Nährstoffe enthalten, die beim Kochen verloren gehen.

5. Trink flüssiges Obst. Laß den Kaffee den Kaffeetanten. Du hast ihn nicht nötig.

6. Meide Alkohol und Nikotin, sie sind Gifte und hemmen Dein Wachstum und Deine Arbeitskraft.

7. Treibe Leibesübungen! Sie machen Dich gesund und widerstandsfähig.

8. Du mußt jede Nacht mindestens neun Stunden schlafen.

9. Übe Dich in der "Ersten Hilfe" bei Unglücksfällen. Du kannst dadurch der Lebensretter Deiner Kameraden werden.

10. Über all Deinem Handeln steht das Wort: Du hast die Pflicht gesund zu sein!"[21]

---

[20] Giesecke, Hermann: Hitlers Pädagogen, Abschnitt: Prinzip der Selbstführung, s. 182
[21] Giesecke, Hermann: Hitlers Pädagogen, Abschnitt: Verbesserung der sozialen Lage der Jugendlichen, s.183/84

4.1.3.Die Kleidung

Bundestracht des BDM.

Dienstanzug der HJ.

Hitler-Junge
im Winterdienstanzug
mit voller Ausrüstung

Bannführer
im kleinen
Dienstanzug

Scharführer der HJ.
im großen
Sommerdienstanzug
mit voller Ausrüstung

Marine-Hitler-Junge
im großen
(MHJ.)-Dienstanzug

4.2. Literaturverzeichnis:

Bilder:

https://traditio.wiki/files/thumb/2/29/Ernst_Krieck.jpg/220px-Ernst_Krieck.jpg

https://www.welt.de/img/geschichte/zweiter-weltkrieg/mobile159852228/7162509837-ci102l-w1024/HJ-Lager-Fuerth-1936-Appell-mit-Baldur-von-Schirach-Foto.jpg

http://media.gettyimages.com/photos/baldur-von-schirach-reichsfuhrer-or-national-leader-of-the-hitler-picture-id615312064?s=594x594

http://www.shoahproject.org/widerstand/kids/s69a.jpg

https://s-media-cache
ak0.pinimg.com/originals/ae/21/f2/ae21f210eeb0fbd843d8d632c59b4e39.jpg

https://media1.britannica.com/eb-media/16/187816-004-9330460F.jpg

Hauptteil:

1. Teil :   https://deutschermensch.wordpress.com/2015/07/09/originalfassung-mein- kampf-von-adolf-hitler-online-pdf/

3. Teil: Siedler, Wolf Jobst: Kindheit und Jugend unter Hitler, 1992

4. Teil: http://lexikon.stangl.eu/2072/erziehungsstil/ © Online Lexikon für Psychologie und Pädagogik

Wissen aus dem Unterricht

Alle Teile: http://www.giesecke.uni-goettingen.de/hitler.pdf

Anhang:

http://www.museenkoeln.de/ns-dokumentationszentrum/default.aspx?s=386

http://www.museenkoeln.de/ns dokumentationszentrum/medien/abb/386/4256_6208.jpg

http://getasword.com/2782-thickbox_default/1937-german-youth-dagger.jpg

http://www.giesecke.uni-goettingen.de/hitler.pdf

Aull- Fürstenberg, Margret: Lebenslüge Hitler- Jugend/ Aus dem Tagebuch eines BDM- Mädchens